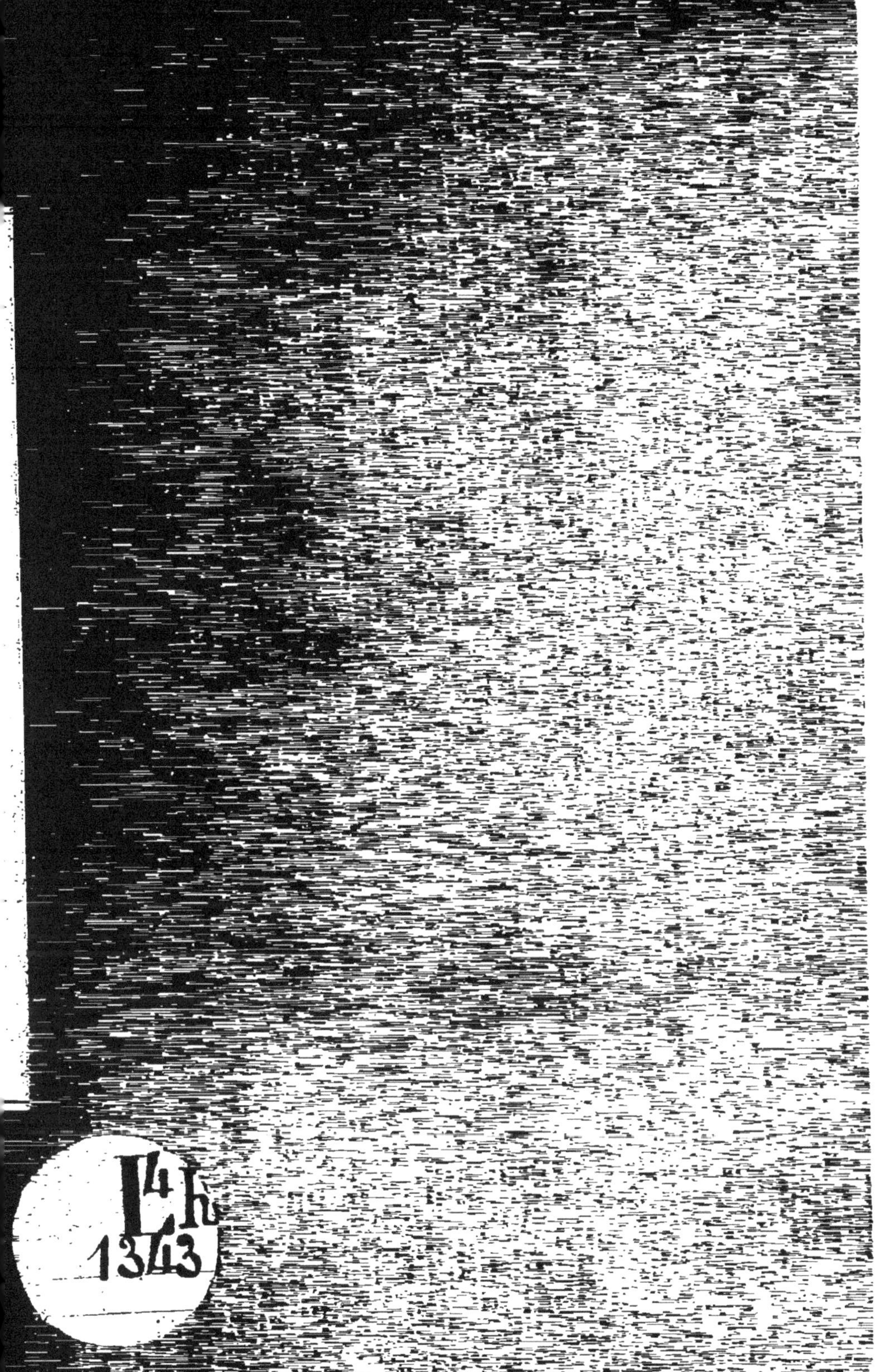

LE 1er BATAILLON

DE

MOBILISÉS D'ILLE-ET-VILAINE

A LA 2e ARMÉE DE LA LOIRE

PAR

L'ÉTAT-MAJOR DU BATAILLON

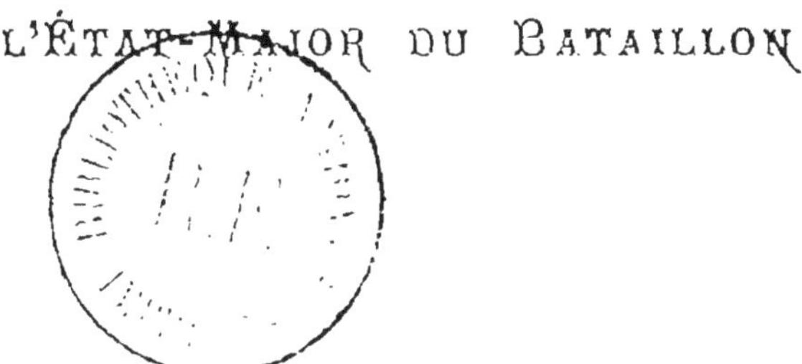

RENNES
IMPRIMERIE ALPHONSE LEROY FILS
1874

LE 1er BATAILLON

DE MOBILISÉS D'ILLE-ET-VILAINE

A LA 2e ARMÉE DE LA LOIRE

Fais ce que dois, advienne que pourra !

AVANT-PROPOS

L'émotion causée en Bretagne par les dépêches qui attribuaient la perte de la bataille du Mans à l'abandon par les mobilisés de Bretagne de la position importante de la Tuilerie, n'est pas encore calmée. Il semble qu'on ait pris à tâche de l'entretenir, comme si l'honneur et le courage légendaires des Bretons étaient en cause, sans songer qu'en s'appesantissant sur un fait isolé, on risquait de faire retomber sur tous les mobilisés de notre province, le blâme qui en atteignait une partie, peu préparée d'ailleurs à marcher au feu.

Quoi qu'il en soit, nous croyons utile et opportun de retracer aussi fidèlement que possible la part que le 1er bataillon de mobilisés d'Ille-et-Vilaine a prise aux opérations de la 2e armée de la Loire. Après nos revers, il est consolant et salutaire de rappeler comment des soldats improvisés surent puiser dans leur patriotisme l'énergie suffisante pour se faire en quelques jours aux marches forcées, aux privations et aux souffrances d'une campagne des plus rudes, et pour montrer en face de l'ennemi la résolution dont ils ont fait preuve.

PREMIÈRE PARTIE.

ORGANISATION DU BATAILLON. — CAMP DE CONLIE. — YVRÉ-L'ÉVÊQUE. — RECONNAISSANCE DU 26 NOVEMBRE. — ADIEUX DU GÉNÉRAL DE KÉRATRY.

Napoléon III avait rendu son épée à Sedan. Paris était investi. Bazaine enfin venait de livrer aux Prussiens notre meilleure armée.

Instinctivement les masses comprenaient que l'honneur de nos braves soldats, que le salut de la patrie avaient été sacrifiés à des calculs égoïstes, à des intérêts misérables. L'indignation était dans tous les cœurs, le mot de trahison dans toutes les bouches, et le patriotisme surexcité poussait la nation entière à la résistance. Aussi la réunion des gardes nationaux, qu'un décret appelait à être mobilisés, se fit-elle avec une facilité qu'on n'osait espérer. Bien plus, une foule de citoyens que la loi n'atteignait pas, des jeunes gens, des hommes avancés en âge, des pères de famille, et parmi eux beaucoup d'anciens militaires, vinrent grossir leurs rangs.

Le 1er bataillon d'Ille-et-Vilaine, entr'autres, compta un grand nombre de volontaires et présenta cette particularité que les officiers supérieurs et les capitaines des huit compagnies dont il se composait d'abord, étaient d'anciens sous-officiers. Ainsi peut-être s'explique l'esprit d'ordre et de discipline par lequel il se distingua dès le jour de son départ.

Ce bataillon, fort de huit compagnies fournies par la ville de Rennes, auxquelles vinrent s'adjoindre, quelques jours plus tard, deux autres compagnies levées dans les communes du canton de Mordelles, et dans celles de Vezin, Pacé et Parthenay, fut dirigé dès le 6 novembre sur le camp de Conlie, où il séjourna jusqu'au 24 du même mois.

Les nombreuses corvées nécessitées par l'installation du camp, et les pluies fréquentes qui survinrent et rendirent le terrain presque impraticable, ne permirent pas d'obtenir, sous le rapport de l'instruction militaire, les résultats qu'on s'était promis. Toutefois les hommes s'y familiarisèrent avec les incommodités du bivouac et avec les exigences de la discipline. Malheureusement les dispositions prises pour les divers services, notamment pour les distributions où il y avait parfois encombrement et, par conséquent, perte de temps, laissèrent beaucoup à désirer. La considération de l'état-major en souffrit et il en résulta parmi les troupes un certain mécontentement.

Le 23 novembre, nous reçûmes l'ordre de nous tenir prêts à lever le camp. Le bataillon était désigné pour faire partie d'une division qui, sous les ordres du général de Kératry, devait prendre position en avant du Mans et couvrir cette ville mal protégée par les troupes défaites et disséminées du général Fiereck.

Dans l'après-midi, les compagnies furent occupées au versement des fusils à percussion dont elles avaient été armées à Rennes, et à la réception des chassepots qu'on leur délivra en échange. Cette opération, commencée à deux heures, dura une grande partie de la soirée. Chaque compagnie enleva successivement le nombre d'armes qui lui étaient nécessaires, sans qu'un seul employé de l'artillerie ou autre fût présent.

Nous quittâmes notre campement le 24, à trois heures du soir, et pourtant on ne nous embarqua que le lendemain après-midi. Le bataillon était resté près de vingt-quatre heures sur pied à la gare de Conlie, dans l'attente du train qui devait l'emmener.

Le débarquement s'opéra vers quatre heures et demie, à la gare d'Yvré-l'Evêque, au moment même où y arrivait au trot une colonne de dragons qui avaient eu affaire avec l'ennemi sur la route de Saint-Calais, près de Bouloire.

Il était nuit quand on arrêta le bataillon pour le faire bivouaquer sur la rive gauche de l'Huisne, en avant du village, au bas des dernières pentes du plateau d'Auvours.

L'installation du campement fut très-lente et très-irrégulière, l'obscurité empêchant de prendre des directions convenables sur un terrain non reconnu d'avance.

Le 26, nous connûmes la composition de la division active des forces de Bretagne, formée de six brigades. Le 1er bataillon de mobilisés d'Ille-et-Vilaine, un bataillon du 62e de ligne et une compagnie de la légion étrangère, qui fut quelques jours après remplacée par un bataillon du 97e, constituaient la 4e brigade, sous les ordres du lieutenant-colonel d'Aguet. A défaut d'officier d'ordonnance, l'adjudant-major d'Ille-et-Vilaine fut chargé par le commandant de la brigade de communiquer aux deux détachements d'infanterie un ordre prescrivant une prise d'armes pour midi. Au quartier général de la division où cet officier s'adressa pour connaître l'emplacement de ces corps, on ne put lui donner aucune indication : on ne sut que l'engager à les chercher dans le camp. Il trouva bien la légion étrangère ; quant au 62e, il n'arriva à Yvré que le lendemain.

La division se mit en marche vers une heure sur la route de Saint-Calais. Les sacs étaient déposés dans les tentes, et les hommes ne devaient emporter qu'un morceau de pain et leurs cartouches (81 par homme).

Après avoir dépassé la Fourche (embranchement des routes de Paris et d'Orléans), on nous fit marcher sous bois jusqu'à ce que l'avant-garde eût gagné la butte d'Ardenay. Le général de Kératry sembla vouloir s'établir sur cette butte avec une réserve d'une certaine importance. Une colonne se dirigea à droite vers Surfond, tandis que le bataillon d'Ille-et-Vilaine et la 5e brigade, avec quelques pièces d'artillerie, sous le commandement du général Gougeard, s'engageaient à gauche sur le chemin de Soulitré et du Breil, les mobilisés d'Ille-et-Vilaine en tête.

A Soulitré, où nous n'arrivâmes qu'à la nuit, deux jeunes gens, armés de fusils de chasse, se mirent à notre disposition pour nous servir de guides. Dans cette marche, où nous nous attendions à rencontrer les Prussiens, on eût dit que les hommes n'avaient aucun souci du danger, et l'on dut plusieurs fois recommander de ne pas fumer ni parler.

A l'entrée du Breil, la 5e brigade s'arrêta et rebroussa chemin par Soulitré. Le bataillon d'Ille-et-Vilaine traversa le bourg et, par un changement de direction à droite, prit le chemin de Surfond, tandis que la colonne de droite, exécutant un mouvement inverse, se portait à notre rencontre jusqu'aux quatre chemins, sur la route de Saint-Calais, d'où les deux troupes réunies se rabattirent, par Ardenay, sur le camp d'Yvré, où elles arrivèrent à une heure du matin, après avoir parcouru plus de 40 kilomètres. Les hommes étaient exténués de fatigue et de besoin.

Le 27, on nous établit sur le plateau du Luart, à l'extrémité sud des escarpements qui dominent le village d'Yvré, sur la rive droite de l'Huisne.

Le 28 ou le 29 novembre, le général de Kératry, qui quittait le commandement de la division, fit réunir les officiers en avant du pont d'Yvré, pour leur faire ses adieux et remettre le commandement au général Gougeard. Croyant devoir leur exposer les dissentiments qui s'étaient élevés entre le ministre de la guerre et lui, il développa assez longuement la phrase suivante, qui commençait son ordre du jour à la division : « *J'ai la douleur de me séparer de vous, car je comprends mon devoir autrement que le département de la Guerre.* » — Plusieurs virent dans les récriminations amères du général un appel à la discorde; d'autres en sentirent leur confiance ébranlée, et la personnalité de M. de Kératry, qui inspirait de grandes sympathies, perdit beaucoup de son relief à cette épreuve. Son discours produisit une impression pénible : aussi les adieux furent très-froids.

Quelques officiers, attachés à l'état-major

pour la plupart, avaient témoigné, dès le matin au rapport, l'intention formelle de se retirer avec M. de Kératry; mais ces résolutions tombèrent devant la réprobation qu'elles soulevèrent chez la généralité des officiers, pour qui les questions de personnes, en présence de la France envahie, s'effaçaient complétement, et qui, volontaires en grande partie, ne s'étaient pas rendus à l'appel du Gouvernement de la Défense nationale pour chercher à entraver son action.

Jusqu'au 4 décembre, on poussa activement l'instruction du bataillon, et on exerça les hommes au tir à la cible. On s'attacha aussi à les familiariser avec les devoirs des sentinelles isolées. Le nouveau général fit compléter le campement et l'armement, et, le 4 décembre, quand l'ordre de départ arriva, le 1er bataillon d'Ille-et-Vilaine pouvait entrer en ligne.

DEUXIÈME PARTIE.

DÉPART D'YVRÉ. — MARCHES AU NORD DE VENDÔME. — RECONNAISSANCE SUR CHATEAUDUN. — COMBATS DU 16. — RETRAITE DE LA DIVISION. — RETOUR A YVRÉ.

Après la reprise d'Orléans par les Prussiens, la 2e armée de la Loire, composée des 16e, 17e et 21e corps, sous le commandement en chef du général Chanzy, vint s'établir en avant de Josnes, sa droite appuyée à la Loire, à hauteur de Beaugency, sa gauche adossée à la forêt de Marchenoir.

En même temps, la division des forces de Bretagne, commandée par le général Gougeard, quittait son campement d'Yvré. Elle avait pour mission, tout en se rapprochant du 21e corps, dont elle faisait désormais partie, de couvrir Vendôme, sur lequel une attaque par Mondoubleau paraissait imminente.

Après avoir campé le 4 à Ardenay, le 5 en arrière de Saint-Calais, que les Prussiens venaient d'évacuer, elle prit position, dans la matinée du 6, à deux kilomètres au-delà de cette ville, sur les hauteurs de Marolles, le bataillon d'Ille-et-Vilaine en avant, au nord de la route d'Orléans.

Le lendemain 7, à la pointe du jour, nous levions le camp et marchions à la recherche de l'ennemi. A Epuisay, une partie de la division s'engagea au nord, sur la route de Mondoubleau, tandis que les 4e et 5e brigades se portaient directement sur Danzé. Tout à coup la colonne s'arrêta : on entendait le canon gronder dans la direction que nous suivions. Un frémissement courut de la tête à la queue de la colonne. A l'attitude assurée que prit en cette circonstance le 1er bataillon d'Ille-et-Vilaine, ses chefs comprirent qu'on pouvait compter sur lui. Les hommes étaient impatients de se porter en avant. Aussi quand on remit la colonne en mouvement, malgré la célérité imprimée à la marche, il n'y avait pas un seul traînard. Nous fîmes ainsi trois lieues en moins de deux heures, et arrivâmes à la tombée de la nuit devant la Ville-aux-Clercs, où nous devions bivouaquer. La canonnade, qui semblait s'éloigner à mesure que nous avancions, avait complétement cessé.

Le 8, au matin, la terre était couverte de neige. La division resta sur ses positions.

Le 9, les appréhensions d'une attaque sur Vendôme par Mondoubleau paraissant dissipées, elle se remit en mouvement pour appuyer la gauche du 21e corps, qui gardait les principaux débouchés de la forêt de Marchenoir.

Cette journée fut des plus pénibles. Le départ, ordonné pour sept heures et demie, n'eut lieu qu'à neuf heures, par suite du retard d'une brigade. Au lieu de prendre la route d'Orléans, on nous fit marcher au sud dans la direction de Vendôme, pour nous engager, au-dessous de Lisle, dans la vallée du Loir, que nous remontâmes jusqu'à Fréteval, sans faire de halte.

Il arrive fréquemment en campagne que des marches ou des dispositions commandées par les circonstances ou dictées par une réelle intelligence des choses de la guerre, soient de la part de la troupe l'objet de critiques aussi sévères qu'inconscientes. Dans le cas présent, les mobilisés ne pouvaient comprendre pourquoi, au lieu de passer directement par Busloup, on leur avait fait parcourir, en suivant l'itinéraire indiqué plus haut, une distance presque triple. Ils s'étonnaient aussi qu'on leur imposât une marche aussi vive et aussi longue, sans le moindre arrêt; ne se doutant pas qu'une fois dans la vallée étroite du Loir, la division, prêtant le flanc à la forêt de Fréteval, se trouvait dans une situation périlleuse, et qu'elle devait, pour éviter une attaque devant laquelle tout déploiement eût été impossible, se hâter de prendre position sur les hauteurs.

Arrivée à Fréteval, vers deux heures, la division franchit le Loir sur deux colonnes, la première par le village, la seconde un peu au-dessous, près de l'usine de Courcelles, et se dirigea sur le plateau. Arrivée au sommet, cette dernière colonne, en tête de laquelle se trouvait le bataillon d'Ille-et-Vilaine, fut arrêtée. La terre était recouverte d'une légère couche de neige. Une bise glaciale soufflait violemment, d'autant plus insupportable qu'en cet endroit le sol est complétement nu et que les hommes, vêtus d'une simple tunique, sans capotes, et épuisés par une marche de sept heures, n'avaient la plupart mangé depuis la veille qu'un morceau de pain. Nous restâmes là plus d'une heure, attendant impatiemment l'ordre de nous porter en avant.

Enfin, l'artillerie étant parvenue à surmonter les difficultés que présentait l'ascension des pièces, la brigade reprit sa marche et arriva à la Bosse à la chute du jour. Elle formait la droite de la division, et fut placée à cheval sur le chemin d'Oucques, le bataillon d'Ille-et-Vilaine à droite, les 62e et 97e à gauche. Un cordon de quatre compagnies de grand'garde surveillait cette ligne.

Le 10 décembre, durant toute la journée, une forte canonnade retentit en avant de nous. Sans s'occuper des considérations qui pouvaient motiver notre inertie, beaucoup s'étonnaient qu'on ne marchât pas au canon.

Le lendemain (11), la canonnade recommença, mais avec moins d'intensité. A midi la division quitta ses positions et alla s'établir en avant d'Ecoman, pour s'opposer à l'ennemi dans le cas où il tenterait le passage du Loir par la route d'Orléans, afin de déborder notre gauche.

Cependant l'armée entière, pivotant sur sa gauche, commençait le mouvement de retraite par lequel elle devait se reporter au-delà du Loir; le 21e corps appuyant au nord-ouest vers Saint-Hilaire, la division Gougeard poussant jusqu'à Cloyes, pour garder la route de Châteaudun et le ruisseau de la Droué.

La division exécuta son mouvement le 13 dans la matinée et occupa, avant midi, les positions assignées.

La 4e brigade, sur la rive gauche du Loir, fut chargée spécialement de surveiller la route de Châteaudun, tandis que la 5e gardait la rive droite, et occupait les hauteurs et le château de Montigny.

Dans la soirée, le capitaine commandant le détachement d'Ille-et-Vilaine fourni à la gare de Cloyes, signala la présence à la Ferté-Villeneuil d'une colonne de 1,000 à 1,200 Prussiens.

Le 14 décembre, vers deux heures de l'après-midi, le bataillon fut, ainsi qu'une compagnie du génie auxiliaire, dirigé en reconnaissance sur Châteaudun, sous les ordres du commandant du génie.

A hauteur d'Auteuil, nous nous trouvâmes en présence d'un escadron de coureurs ennemis que les 2e et 9e compagnies, déployées en tirailleurs sur notre droite, abordèrent résolûment. Devant le feu de ces deux compagnies et de l'avant-garde, formée par la 1re, ils se replièrent au galop et disparurent bientôt derrière les bois.

Un peu plus loin sur la droite, au-delà du passage à niveau, la 1re compagnie, soutenue par les 3e et 4e, fouilla, à la tombée de la nuit, un château où des paysans avaient vu un détachement prussien, qui s'était retiré à notre approche.

Quoique sérieusement menacée sur son flanc droit, la colonne continua sa route sur Châteaudun.

A l'entrée de cette ville, les moins impressionnables éprouvèrent une sorte de saisissement. Le silence et l'obscurité régnaient dans les rues, et une forte odeur de brûlis, qui s'exhalait encore des ruines des maisons incendiées, rappelait, avec l'héroïsme de sa défense mémorable, l'atrocité des vengeances exercées par les Prussiens.

Les compagnies furent réunies sur la place, où des vivres et du vin leur furent distribués généreusement par les soins de la municipalité.

Après une halte de deux heures, le chef de bataillon qui commandait la reconnaissance, informé par le maire de l'approche d'une brigade prussienne, nous fit replier sur Cloyes, où nous arrivâmes, sans avoir été inquiétés, à deux heures du matin.

Des collines qui s'élèvent entre Douy et Auteuil, nous avions pu contempler l'incendie de la Ferté-Villeneuil, que les Prussiens, dit-on, avaient livrée aux flammes.

Le 15 décembre au soir, à la suite d'une reconnaissance dirigée sur Auteuil par le colonel d'Aguet, à la tête des six compagnies des 62e et 97e, il fut décidé que le bataillon d'Ille-et-Vilaine irait, le lendemain avant le jour, s'embusquer à l'est et au nord de Cloyes, pour occuper la ligne sur laquelle, d'après les renseignements acquis, les éclaireurs ennemis se présenteraient infailliblement.

Le départ eut lieu le 16, à trois heures du matin, par une nuit très-sombre. La 1re compagnie passa sur la rive droite du Loir, qu'elle remonta en se tenant sur les hauteurs jusqu'au-delà du château de Montigny. La 2e, descendant au-dessous de Cloyes, alla s'établir fortement au château de Beauvoir, qu'elle était chargée de défendre à outrance. Enfin, pendant que la 4e compagnie occupait Auteuil, et que les 5e et 9e poussaient une reconnaissance jusqu'à Romilly-sur-Aigre, où les Prussiens avaient fait, la veille, des réquisitions, les cinq autres (3e, 6e, 7e, 8e et 10e) furent disposées par le chef de bataillon en arrière de Douy, dans les bois traversés par la route et le chemin de fer de Châteaudun.

Toutes les compagnies, à l'exception de la 2e, devaient être de retour à Cloyes pour onze heures.

A hauteur d'Auteuil, l'adjudant-major et l'adjudant venaient de fouiller une ferme où ils avaient posté un détachement de quelques hommes. Ils l'avaient à peine dépassée, quand ils furent assaillis par une fusillade, qui éclata sur leur droite, dans la direction où devait se trouver la 3e compagnie. Avant qu'ils n'eussent pu se faire reconnaître, un détachement de la 7e, qui suivait à gauche la voie ferrée, crut devoir y répondre. Ils se trouvèrent alors entre deux feux pendant au moins cinq minutes.

Cette fusillade, qui fut heureusement tout à fait inoffensive, donna peut-être l'éveil à l'ennemi. Le premier coup de feu avait été tiré par un sergent de la 3e, qui prétendit avoir vu un individu se sauver à travers champs, sans avoir répondu au cri de : Qui vive !

A la pointe du jour, deux détachements de cavaliers se présentèrent simultanément, l'un peu nombreux devant la 6e compagnie, l'autre plus fort en face de la 8e.

Suivant la recommandation expresse qui avait été faite de ne pas tirer avant d'avoir été dépassé, on les laissait avancer, lorsqu'une détonation retentit à la gauche de notre ligne et les mit en fuite. Une décharge assez nourrie, exécutée en cet instant par les 6e et 8e compagnies, leur blessa ou démonta plusieurs hommes.

L'adjudant-major, en se portant en avant au bruit de la fusillade, fut averti de l'arrivée d'une colonne prussienne, qui, à en juger par les tourbillons de poussière soulevés sur son passage, devait comprendre de l'artillerie. Elle ne tarda pas à paraître et s'arrêta à mille mètres environ de nous. Pendant qu'elle s'établissait à droite et à gauche de la route, un détachement fut dirigé le long de la voie ferrée pour la reconnaître.

Ce détachement était à peine en marche qu'une fusillade très-vive se fit entendre en arrière, à gauche. Evidemment, la 1re compagnie était aux prises avec l'ennemi, mais ne sachant à quelles forces elle avait affaire, et craignant d'être tourné, le chef de bataillon porta sa troupe un peu en arrière en attendant l'arrivée des 3e, 4e, 5e et 9e compagnies, qui, suivant l'ordre donné, ralliaient en ce moment.

L'adjudant-major, chargé de couvrir ce mouvement, resta au passage à niveau avec une fraction de la 7e compagnie, ouvrit le feu sur un fourré où quelques tirailleurs ennemis s'engageaient, puis, après les en avoir débusqués, fit tirer sur le gros de leurs troupes, en colonne sur la route, jusqu'au moment d'être tourné à droite par la cavalerie prussienne.

Lorsque l'arrière-garde se replia, on employa contre nous une section d'artillerie, qui nous envoya une vingtaine d'obus dont pas un ne porta, le tir n'étant pas assez tendu, et les compagnies se défilant autant que possible dans le versant boisé où est tracée la ligne du chemin de fer. Les projectiles percutants de l'artillerie prussienne ne rencontraient aucune résistance dans une terre détrempée où les hommes enfonçaient jusqu'à mi-jambe, et n'éclataient pas.

Il était midi quand le bataillon rentra à Cloyes, où la 1re compagnie l'avait devancé d'une demi-heure.

Du château de Montigny, cette compagnie était descendue jusqu'au village où elle s'était embusquée. Vers neuf heures et demie, un peloton de cuirassiers blancs se présenta aux abords de cette localité; mais, accueilli par plusieurs décharges, il se replia en désordre, ayant cinq ou six hommes hors de combat. Le capitaine, en retournant à Cloyes, prévint les grand'gardes de la 5e brigade que 1,500 Prussiens de toutes armes s'avançaient sur Saint-Hilaire, et en rendit compte à son arrivée.

A quatre heures de l'après-midi, le bataillon prenait de nouveau les armes, franchissait le Loir et se portait, sous le commandement du lieutenant-colonel d'Aguet, sur les hauteurs de

Montigny, pour appuyer les mobilisés de la Loire-Inférieure dont les avant-postes avaient été forcés. L'attaque ne se prononçant pas davantage, ordre lui fut donné, à la nuit, de bivouaquer.

Vers sept heures du soir, un contre-ordre le rappelait à Cloyes, ainsi que les troupes de la 5e brigade. On devait, avant de se retirer, allumer des feux sur les positions occupées.

A la suite des journées des 14 et 15, qui avaient compromis la défense de Vendôme, le général Chanzy s'était résolu à abandonner la ligne du Loir et avait ordonné la retraite sur la Sarthe.

La division Gougeard, qui formait l'extrême gauche de l'armée, se trouva alors dans une situation des plus périlleuses. L'ennemi débordant notre gauche, cherchait à nous couper la retraite. Nous n'avions pas une minute à perdre : le général mit immédiatement le convoi en mouvement, ainsi que le gros de la division.

La 4e brigade, désignée pour former l'arrière-garde, ne devait quitter Cloyes qu'après avoir fait sauter le pont. Soit que les travaux préparatoires eussent été menés avec lenteur, et que, par suite, l'opération fût impossible, soit qu'on reculât, à la dernière heure, devant la destruction de cet ouvrage, que la proximité d'un gué rendait à peu près inutile, on se borna en dernier lieu à en obstruer le passage. Il était deux heures du matin quand l'arrière-garde se mit en marche, le bataillon d'Ille-et-Vilaine en tête, suivi des 62e et 97e de ligne.

Nous arrivâmes un peu avant le jour à Droué, où toute la division réunie fit une halte. La plupart des hommes étaient dans un état de prostration indicible, conséquence de trois journées de fatigues excessives, passées presque sans sommeil. Beaucoup s'étaient couchés et dormaient dans la rue à côté des faisceaux.

Vers neuf heures (le 17), la 4e brigade, se mettant en mouvement, passa en tête de la division, le bataillon d'Ille-et-Vilaine (1) escortant le convoi, et les francs-tireurs fouillant sur son flanc droit le terrain boisé et couvert qui s'étend de Droué à Arville. Les dernières voitures

(1) Le convoi fut mis en marche avec une escorte solide. (2e *Armée de la Loire. — La division de Bretagne*, par le général Gougeard, page 35)

étaient à peine à un kilomètre du bourg, que l'arrière-garde de la division s'y trouvait attaquée de divers côtés à la fois. Après une certaine confusion produite par la soudaineté de l'attaque, les troupes, encouragées par l'exemple du général, et soutenues par l'artillerie qui fut immédiatement mise en batterie sur la place, repoussèrent l'ennemi et lui firent une vingtaine de prisonniers.

En arrivant à Arville, à une heure, nous entendîmes quelques coups de canon derrière nous. C'étaient les Prussiens qui inquiétaient de nouveau notre retraite près de la Fontenelle. L'artillerie de la division répondit avec succès et éteignit bientôt le feu de l'ennemi.

A Arville, au lieu de marcher directement sur Vibraye, nous nous dirigeâmes au sud sur Saint-Agil, où la division Rousseau arrivait en même temps que nous. La 4e brigade fut établie, le soir, à la sortie de ce village; mais le terrain était tellement humide, que dans plusieurs compagnies on ne dressa pas de tentes : les hommes, pour ne pas coucher dans la boue, se groupèrent le long des haies ou sur les tas de pierres qu'ils trouvèrent sur la route.

Le lendemain, 18, nous devions partir à sept heures et demie ; mais, par suite du mauvais état des routes, l'encombrement était tel, que la 4e brigade ne commença son mouvement qu'à onze heures. A quelque distance de Saint-Agil, le chemin était tellement défoncé que, malgré les fascines qu'on entassa sur un parcours de trois cents mètres, les voitures s'embourbaient jusqu'aux moyeux, et que la colonne mit plus de quatre heures pour faire une lieue.

La division arriva à une heure avancée de la nuit à Lavaré, où elle bivouaqua. Il y avait quarante-huit heures que le bataillon était sur pied.

Après avoir campé le 19 à Beillé, sur la rive droite de l'Huisne, nous arrivâmes le 20 devant Yvré, et prîmes position le 21, dans l'après-midi, en arrière du village, sur les hauteurs de la Croix.

Les hommes, dont les vêtements tombaient en lambeaux, étaient brisés de fatigue et épuisés par les privations ; mais il faut dire, à leur honneur, que leur entrain et leur bonne volonté avaient résisté à ces dures épreuves.

TROISIÈME PARTIE.

RECONSTITUTION DE LA DIVISION. — PONT DE GENNES. — COMBAT DE LA FOURCHE. — REPRISE DU PLATEAU D'AUVOURS. — RETRAITE SUR LA MAYENNE.

Dès le 21 décembre, le général Gougeard s'occupa de reconstituer sa division sur de nouvelles bases. Elle ne comprit dès lors que quatre demi-brigades (1re, 2e, 3e, 4e), commandées par des lieutenants-colonels et formant deux brigades placées, chacune, sous les ordres d'un colonel.

Dans le travail d'élimination qui eut lieu, et qui permit d'éloigner les éléments possédant le moins de valeur, la 4e brigade, devenue 2e demi-brigade (lieutenant-colonel d'Aguet), resta seule intacte. Toutefois le bataillon d'Ille-et-Vilaine perdit deux de ses meilleurs officiers : le commandant Périn, promu lieutenant-colonel (4e demi-brigade), et l'adjudant-major Vieille, nommé chef de bataillon aux mobilisés de la Loire-Inférieure, et qui, quelques semaines après, devint lieutenant-colonel (1re demi-brigade). Ces promotions étaient, pour le bataillon, une récompense de sa belle conduite et une preuve de la confiance qu'il avait su inspirer au général. Ces officiers furent remplacés, le premier par le capitaine Lepeintre, de la 6e compagnie, et le second par le capitaine Poivrel, de la 1re compagnie.

Dans les derniers jours de décembre, la température s'étant abaissée considérablement, la sollicitude du commandement se porta tout d'abord sur l'habillement, qu'il était urgent de renouveler et de compléter. Avec les ressources mises à notre disposition par l'intendance, et surtout avec les fournitures que le nouveau chef de bataillon put se procurer à Rennes, tous les hommes furent habillés à neuf, et l'équipement et le campement remis au complet. Malheureusement les effets étaient, en général, de mauvaise qualité et suffirent à peine pour les deux mois de service qu'ils eurent à supporter.

Du 2 au 8 janvier, la 2e demi-brigade fut cantonnée à Champagné, où les compagnies furent exercées aux manœuvres et principalement au tir à la cible.

Ses grand'gardes surveillaient, vers Saint-Mars-la-Bruyère et jusqu'à la ferme de Saint-Hubert, les routes de Paris et d'Orléans, suivies, la première par l'armée du duc de Mecklembourg, la seconde par celle du prince Frédéric-Charles, et dont l'embranchement (la Fourche) en avant d'Yvré semblait le point de concentration naturel des Allemands.

Ces routes traversent des plaines boisées, qui permettaient à l'ennemi de dissimuler ses mouvements ; mais de Champagné, sur la rive gauche de l'Huisne, jusqu'en face d'Yvré, sur un parcours de trois kilomètres, elles sont admirablement commandées par le plateau d'Auvours, sur lequel, malgré les démonstrations imposantes dirigées sur les ailes de la ligne française, allaient se porter les principaux efforts de l'ennemi.

Cependant la retraite de la division Rousseau, qui, à notre extrême gauche, s'était heurtée contre des forces supérieures à Nogent-le-Rotrou, présageait de même que celle du général Jouffroy, à l'aile droite, une attaque générale imminente.

Dans ces circonstances le général Chanzy

prescrivit, au centre, divers mouvements offensifs, et le 9 janvier, pendant que la division Paris (du 17e corps) marchait sur Ardenay où elle livra jusqu'à la nuit un combat opiniâtre, la division Gougeard se portait sur Saint-Mars-la-Bruyère et sur la Belle-Inutile, pour donner la main à la division Rousseau et barrer à l'ennemi le chemin de Soulitré.

La 2e demi-brigade quitta à neuf heures le village de Champagné, que venaient occuper les mobilisés de la Loire-Inférieure, et se joignit au reste de la division, qui était arrêtée sur la route de Paris. Elle stationna ainsi jusqu'à midi sous une neige des plus froides et des plus intenses, en attendant l'ordre de marcher en avant. L'impatience était d'autant plus grande qu'on savait la division Rousseau pressée de toutes parts, et qu'on avait hâte de lui porter secours.

Sur toute notre droite, le bruit du canon et les décharges stridentes des mitrailleuses, mêlées à la fusillade, témoignaient de la vivacité de la lutte.

La division arriva vers deux heures à Saint-Mars où elle rencontra quelques troupes appartenant aux corps engagés, et où elle laissa la plus grande partie de ses forces.

Seuls, le bataillon du 62e de ligne et celui d'Ille-et-Vilaine continuèrent leur marche : le premier devait se porter jusqu'au hameau de la Belle-Inutile, et le second, sans doute pour relier le 62e à la division, avait à occuper, à gauche de la route, les maisons qu'il rencontrerait. Le défaut de précision de cet ordre et l'absence de toute habitation hors du voisinage de Montfort et de Pont-de-Gennes, déterminèrent le commandant de la demi-brigade à chercher pour le bataillon d'Ille-et-Vilaine des cantonnements sur la rive droite de l'Huisne. Ce dernier bataillon traversa la rivière un peu au-dessous de Montfort, sur un pont dont la première travée avait été détruite par mesure militaire, et sur lequel il fallut passer homme par homme.

Il arriva à la chute du jour à Pont-de-Gennes, alors encombré par le convoi de la 1re division, qui cherchait à gagner Montfort.

Les compagnies s'installaient dans les logements qui leur étaient assignés, lorsqu'une fusillade très-rapprochée éclata dans la direction de la Belle-Inutile. En même temps arrive un bataillon de mobiles, qui se précipite pêle-mêle avec les voitures. Dans cette situation critique, l'adjudant-major d'Ille-et-Vilaine fait sonner l'assemblée, et les 5e, 6e et 7e compagnies vont, au pas de course, occuper en avant du village, le grand pont de l'Huisne, et un peu au-delà la chaussée du chemin de fer. Presque aussitôt un autre bataillon se présente en désordre à l'entrée du pont. La compagnie qui le garde lui barre le passage, et par son attitude énergique, l'arrête dans sa fuite. Ces troupes, une fois reformées, sont conduites par notre adjudant-major sur le champ de foire de Pont-de-Gennes, où elles se préparent à bivouaquer.

Pendant ce temps, la fusillade avait cessé. Notre arrière-garde qui, escortant nos voitures, avait été obligée de passer par la Belle-Inutile, arrivait à Pont-de-Gennes, ainsi qu'une fraction du 62e, coupée du reste de son bataillon. Nous apprîmes alors que cette petite colonne avait été assaillie, en même temps que les bataillons dont nous avions arrêté la débandade, par des forces considérables, massées dans les bois voisins, et qu'après avoir résisté énergiquement pendant une demi-heure, elle avait été contrainte de se replier sur la division, laissant, entre les mains de l'ennemi, outre les morts, un grand nombre de blessés et de prisonniers.

A dix heures du soir, le lieutenant-colonel d'Aguet se rendit, accompagné d'un guide, à Saint-Mars-la-Bruyère, pour rendre compte au général et recevoir ses instructions.

A deux heures du matin, la division Rousseau arriva à Pont-de-Gennes et reçut, grâce au dévoûment d'un officier et de quelques hommes du bataillon, quinze barils de cartouches qui lui étaient destinés et qu'une machine blindée, chauffée à toute vitesse, avait amenés sur la voie ferrée, en face de Pont-de-Gennes.

Presqu'en même temps, le commandant de la demi-brigade, de retour de Saint-Mars, prescrivait au bataillon de regagner Yvré, en passant par Fatines.

A peine y était-il arrivé (9 heures 1/2 du matin), qu'il fut dirigé sur la route de Saint-Calais, avec le gros de la division. On rencontra l'ennemi un peu au-delà de la Fourche. L'action s'engagea vers midi par un combat d'artillerie, auquel se mêla bientôt le feu de la mousqueterie.

La 2e demi-brigade, qui accompagnait l'artillerie, fut immédiatement massée en colonne, à droite de la route, dans un bois de sapins, le bataillon d'Ille-et-Vilaine en avant, ayant derrière lui le 62e, et à droite, un peu en arrière, le 97e déployé au bas d'un léger pli de terrain. Les hommes, abrités autant que possible, étaient calmes sous les obus qui déchiraient les arbres au-dessus de leurs têtes. Soudain une décharge retentit en arrière de nous, et les balles sifflent à nos oreilles. Le bataillon entier reste muet, impassible. On retourne la tête pour voir où est l'ennemi. Presque aussitôt le général accourt au galop sur la route et fait cesser le feu, ouvert par les compagnies du 97e, qui, ayant déjà plusieurs hommes blessés et ne nous distinguant pas, croyaient sans doute avoir l'ennemi en face d'elles. Heureusement pas un homme n'était atteint.

Après le combat, qui resta indécis, une partie de la division revint à Yvré avec l'artillerie; l'autre continua de tirailler avec l'ennemi dans les bois qui avoisinent la gare, jusqu'à une heure avancée de la soirée. Le bataillon d'Ille-et-Vilaine fut chargé d'occuper le village et de s'y retrancher. Les 1re, 2e, 5e et 6e compagnies eurent à garder le Pont-Neuf, les 3e et 4e le Vieux-Pont, à la gauche d'Yvré, et les 7e, 8e, 9e et 10e furent établies dans l'intérieur du village.

Pendant qu'une partie de la division se battait à la Fourche, les Prussiens dirigeaient une attaque contre Champagné, défendu seulement par neuf compagnies de mobilisés de la Loire-Inférieure. Après un combat meurtrier, qui dura plus de trois heures et ne se termina qu'à la nuit, ce village fut évacué. Réoccupé le 11 de très-bonne heure, par ordre du général Gougeard, il fut repris vers onze heures par les Prussiens qui déployaient sur ce point des forces toujours plus nombreuses.

La division Pâris qui, après le combat d'Ardenay, s'était établie sur le plateau d'Auvours et qui, bien que pourvue d'une nombreuse artillerie, avait assisté l'arme au bras aux combats livrés le 10, à la Fourche et à Champagné, par la division Gougeard, se trouva dès lors gravement menacée sur son front et sur sa gauche.

Le 11 janvier, dès le matin, le canon commença à gronder du côté d'Auvours et sur notre droite.

Vers midi, une reconnaissance habilement faite par la 5e compagnie d'Ille-et-Vilaine, constata l'arrivée de forces ennemies considérables se dirigeant, à la faveur des bois et protégées par les remblais du chemin de fer, vers le château des Arches.

A sa rentrée, les batteries françaises (1) en position sur le Luart et sur la route du Mans, ainsi que les pièces desservies par les marins, placées au pont neuf d'Yvré, ouvrirent de ce côté un feu terrible, qui causa à l'ennemi des pertes énormes.

Cependant, on entendait une violente canonnade dans la direction de Champagné.

A deux heures, les 9e et 10e compagnies reçurent l'ordre d'aller renforcer les troupes de la 4e demi-brigade, qui gardaient le pont de Parence. Elles arrivèrent au vieux pont d'Yvré,

(1) Dont une section de mobiles de Rennes.

défendu par les 3e et 4e compagnies, au moment même où la division chargée de la défense d'Auvours, prise d'écharpe par le feu des batteries prussiennes établies en toute hâte sur les hauteurs qui dominent Champagné, et attaquée de front par de fortes colonnes, lâchait pied et se pressait en désordre vers Yvré, sur les pentes, couvertes de neige, du plateau.

Pour arrêter ce mouvement qui pouvait entraîner la perte de l'armée entière, le général Gougeard fait aussitôt braquer à l'entrée du pont, sur la foule des fuyards, deux canons chargés à mitraille, lance sa cavalerie à droite et à gauche dans les prairies pour les ramener, et prescrit de défendre à tout prix l'accès des ponts, et de diriger sur le plateau les compagnies d'Ille-et-Vilaine(1) restées disponibles dans Yvré (7e et 8e). En même temps il réunit les troupes qu'il a sous la main : deux compagnies de mobiles des Côtes-du-Nord, quatre compagnies de volontaires de l'Ouest et deux d'Ille-

(1) « Je réunis immédiatement le bataillon de Rennes, troupe solide et qui m'inspirait toute confiance. » (Général Gougeard, page 51.)

et-Vilaine (9e et 10e), et fait jeter les sacs à terre. Se tournant alors vers cette poignée d'hommes et étendant le bras dans la direction des troupes qui pliaient : « Vous voyez, mes enfants, leur dit-il, la France est perdue ! A nous de la sauver. — Allons, en avant et souquons dur ! »

Ces paroles électrisent les soldats, la charge sonne, et cette petite colonne se précipite avec un élan admirable, ralliant sur son passage des débris de la division Pâris, et entr'autres, un bataillon de chasseurs à pied, qui n'avait pas quitté les pentes du plateau.

Un peu au-delà du pont, tandis que les mobiles des Côtes-du-Nord et les volontaires de l'Ouest suivent, général en tête, le chemin du plateau, les 9e et 10e compagnies d'Ille-et-Vilaine sont déployées à droite, et bientôt rejointes par les 7e et 8e compagnies, qui arrivent au pas de course.

Deux autres compagnies, les 3e et 4e, sont dirigées plus à droite, vers l'extrémité du plateau, pour contenir l'ennemi et s'opposer à un mouvement tournant de ce côté.

Dans un terrain sillonné de chemins creux, coupé de haies et de talus, les 7e, 8e, 9e et 10e rencontrent à chaque pas des obstacles qu'elles ont à franchir sous une grêle de projectiles, mais rien n'arrête leur marche, et la charge sonnant toujours, sans avoir brûlé une cartouche, elles abordent, baïonnette au canon, les berges du plateau.

Les corps qui ont suivi le général, les y ont devancés. Accueillis presqu'à bout portant par des décharges foudroyantes que les Prussiens, embusqués dans les fermes des Ramardières et derrière les talus environnants, dirigent contre eux, ils sont en un instant décimés. Une compagnie de volontaires de l'Ouest, engagée à 50 mètres au-dessous des fermes, dans un chemin parallèle à la direction du plateau, y est si cruellement éprouvée qu'elle semble renoncer à une attaque directe et appuie à droite.

Mais les quatre compagnies d'Ille-et-Vilaine, et avec elles une partie de cette compagnie, ainsi que quelques hommes de la division repoussée franchissent les talus, et aperçoivent, à l'angle opposé des fermes, auprès de son cheval tombé sous les balles, le général Gougeard, qui, les reconnaissant, leur crie : « En avant l'Ille-et-Vilaine, à la baïonnette ! »

Les compagnies s'élancent et enlèvent la ferme de trois côtés à la fois. Les Prussiens, déconcertés par cette attaque impétueuse, abandonnent la position par les issues donnant à l'est, et vont se retrancher à 60 mètres plus loin dans des chemins creux et des tranchées, d'où ils sont enfin délogés à la nuit tombante.

A cinq heures du soir, toute la partie supérieure du plateau était à nous.

Les compagnies d'Ille-et-Vilaine, grâce en partie à la résolution avec laquelle elles s'engagèrent, avaient relativement perdu peu de monde.

Après le combat, les volontaires de l'Ouest et les mobiles des Côtes-du-Nord, dont les pertes étaient plus nombreuses, rentrèrent à Yvré. Les quatre compagnies d'Ille-et-Vilaine restèrent seules à occuper les tranchées et les fermes des Ramardières. Le chef de bataillon reçut l'ordre d'aller en prendre le commandement; et les compagnies restées dans Yvré furent placées sous les ordres de l'adjudant-major.

De 8 à 9 heures du soir, les mobiles du Gers et le 48e de marche vinrent sur le plateau renforcer le détachement d'Ille-et-Vilaine.

Dans la nuit, un officier fut envoyé à Yvré, au quartier-général de la division, pour demander des vivres et prendre des ordres. Il rapporta, à une heure du matin, avec l'ordre formel de conserver à tout prix les positions conquises, les félicitations du général Gougeard (1) et l'avis que dans les récompenses accordées par le général en chef à l'occasion de la reprise du plateau, le bataillon d'Ille-et-Vilaine était compris pour deux décorations (une croix et une médaille).

Le sentiment du devoir largement accompli, l'idée d'avoir contribué au salut de la patrie élevaient les âmes et raffermissaient les courages. Et les hommes trouvèrent dans ces pensées fortifiantes, l'énergie nécessaire pour supporter sans abris, sans couvertures, durant une nuit entière, une température de 14°.

Des patrouilles fréquentes entretinrent la vigilance; et la facilité avec laquelle, dans les

(1) A cinq heures et demie, le lieutenant-colonel d'Aguet se rendit au rapport. Le général, qui rentrait encore tout ému, lui tendit la main en lui disant : Colonel, je vous fais mes compliments; vous avez de rudes soldats.

diverses tentatives faites par l'ennemi pour nous surprendre, on lui fit un certain nombre de prisonniers, témoignait du découragement qui s'emparait de l'armée prussienne en même temps qu'elle augmentait notre espoir.

Vers quatre heures du matin, un officier d'infanterie vint prévenir officieusement les compagnies d'Ille-et-Vilaine que le 48e de marche venait de quitter le plateau. Les officiers réunis envoyèrent à la hâte deux d'entre eux prendre des informations au quartier général. A leur retour, le doute n'était plus permis : il fallait renoncer à conserver ce plateau reconquis au prix d'efforts héroïques et de sacrifices sanglants. On ressentit alors plus amèrement la perte de ceux qu'on laissait glacés sur le champ de bataille, et ce n'est pas sans un poignant serrement de cœur, qu'on se rappelait les noms du lieutenant Fouquet, du sergent-major Gouyer, du fourrier Danion, du caporal Dauguet, de Poirier, Labbé et des autres braves tombés pour ne plus se relever.

On cherchait à s'expliquer les motifs de cette retraite inattendue. Toute la gauche de l'armée avait conservé ses positions intactes ; au centre, un instant compromis par l'abandon du plateau d'Auvours, l'énergie du général Gougeard et la valeur de ses troupes avaient rétabli la supériorité de notre situation Sur toute l'étendue de la route, du vieux pont d'Yvré au sommet du plateau, étaient massées des troupes qui se disposaient à l'attaque, et au moment où l'on s'attendait à une affaire décisive et générale, les corps d'infanterie de la division Pâris se retiraient silencieusement sur Yvré, bientôt suivis des troupes de la division Gougeard.

Que s'était-il donc passé à l'aile droite ? Beaucoup ne le surent qu'à la fin de la journée. La position de la Tuilerie, enlevée par les Prussiens dans la soirée du 11, laissait Le Mans à leur merci, et, dès lors, l'armée entière se trouvant menacée sur ses derrières, le général Chanzy avait été contraint d'ordonner la retraite.

Les Prussiens, dans la matinée du 12 janvier, firent quelques tentatives pour traverser la rivière et forcer la chaussée du chemin de fer près du château des Arches, mais elles furent repoussées bravement par les francs-tireurs de Tours et le bataillon du 97e. La résistance opiniâtre que nous lui avions opposée la veille, avait rendu l'ennemi très-indécis; et, avant de songer à profiter de l'avantage qu'il avait remporté à la Tuilerie, il lui fallait rallier ses colonnes dont quelques-unes avaient déjà commencé un mouvement rétrograde.

Aussi, à midi, lorsque la division se replia, pas un coup de canon n'avait été tiré en face de nous.

La portion du bataillon d'Ille-et-Vilaine chargée de la défense du pont neuf à Yvré, se mit en marche à une heure, avec le commandant de la demi-brigade, emmenant quelques prisonniers faits à Auvours et à Champagné. Les autres compagnies, dont les sacs avaient été pillés pendant la nuit, alors qu'elles étaient restées sur le plateau, s'arrêtèrent pour prendre au campement les effets qui leur manquaient, et ne quittèrent Yvré qu'à deux heures, sous les ordres du chef de bataillon.

La retraite s'effectua dans les conditions les plus difficiles : le froid était très-intense; les routes, couvertes d'une épaisse couche de neige, étaient encombrées par les voitures des convois et de l'artillerie, et les hommes à pied étaient obligés de marcher presque constamment dans les fossés. Cependant on entendait le bruit continu de la canonnade et de la fusillade sur notre flanc droit, où les divisions Colin et de Villeneuve luttaient courageusement pour arrêter l'ennemi qui, dans le but de nous couper la retraite, faisait de ce côté les efforts les plus vigoureux.

Après avoir dépassé Sargé, nous nous rapprochâmes de la Sarthe, dont nous remontâmes le cours en suivant la rive gauche jusqu'à Montbizot. La division se porta alors sur la rive droite, et après s'être croisée avec un escadron de cuirassiers qui avait eu un engagement à Saint-Mars-sous-Ballon, elle poussa, malgré la fatigue et la nuit, jusqu'à Sainte-Jame, où elle arriva à huit heures du soir. Elle en repartit le 13, à deux heures du matin, se dirigeant sur Alençon par Saint-Marceau et Beaumont-sur-Sarthe.

A Beaumont, au lieu de continuer notre marche au nord, on nous fit prendre à l'ouest la direction de Mayenne. Les hommes étaient exténués de fatigue et de besoin, et les distributions de vivres ne pouvant malheureusement pas se faire à cause de l'éloignement du convoi, beaucoup ne se sentaient plus l'énergie nécessaire pour marcher. On leur représentait alors les dangers auxquels ils s'exposaient en voulant prendre sur la neige un repos qui pouvait leur coûter la vie; on leur faisait espérer notre prochaine arrivée à Sillé-le-Guillaume, où nous trouverions certainement des vivres, et l'instinct de la conservation aidant, les rangs ne s'éclaircissaient pas comme on aurait pu le craindre.

A Sillé, où nous arrivâmes à 4 heures, une déception cruelle nous était réservée. Cette petite ville était déjà occupée par deux divisions, qui, aussi affamées que la nôtre, s'étaient jetées dans les boulangeries, et, après avoir enlevé tous les approvisionnements de pain, attendaient, factionnaire à la porte, les fournées nouvelles qu'elles s'étaient réservées. Et nos hommes étaient mourants de faim ! Dans certains corps, ils n'avaient mangé, depuis le 10, que ce qu'ils avaient pu se procurer le long de la route.

Enfin, le lendemain, fut faite une distribution de vivres, qui consola de bien des privations; on séjourna à Sillé, et le 15 au matin, l'aspect que présenta la division au moment où elle quitta la ville pour aller occuper ses positions de combat, était des plus satisfaisants. L'ennemi avait, la veille, fait la plus grande diligence pour concentrer ses forces en avant de Sillé-le-Guillaume, et il devenait dès lors dangereux de continuer la retraite sans combattre. Aussi, ordre avait été donné sur toute la ligne de résister à tout prix. La division Gougeard gravit les hauteurs, traversa la forêt, et alla s'établir au nord à Mont-Saint-Jean, reliant le 21e corps aux volontaires de Cathelineau qui observaient la Sarthe dans les environs de Fresnay. Le canon tonnait à nos pieds, et nous nous attendions, à chaque instant, à voir les Prussiens déboucher par les défilés de la forêt. Mais repoussés, après avoir subi de grandes pertes, par les divisions Rousseau et de Villeneuve, ils laissèrent dès lors le 21e corps opérer son mouvement sans l'inquiéter d'une façon sérieuse (1).

(1) « Le général en chef félicite les troupes du 21e corps qui, dans ces circonstances, ont fait preuve

A huit heures du soir la division reprit la route de Mayenne et, le 17 janvier, après deux jours de marches forcées, et des nuits entières passées sur les routes, par le vent, la pluie et le verglas, nous prenions position, sur la rive droite de la Mayenne, à Saint-Fraimbault-de-Prières, à La Haye-Traversaine et à Ambrières, appuyés à gauche par le 19e corps, qui s'étendait d'Argentan à Domfront.

Cependant l'armée du duc de Mecklembourg se dérobant à droite et paraissant se diriger sur Rouen, le 19e corps poussa sur Briouze, et la division Gougeard se porta le 24 à Couterne, ayant devant elle les francs-tireurs de Lipowski et les mobilisés de la Mayenne.

---

d'ordre, de discipline, de ténacité et de vigueur, alors que se produisaient dans certaines portions de l'armée, les défaillances qui ont amené la retraite du Mans, au moment où nous avions les meilleures chances pour battre l'ennemi. » — (Général Chanzy, page 342.)

QUATRIÈME PARTIE.

ARMISTICE. — ÉLECTIONS. — DÉSARMEMENT.

Dès notre arrivée à Couterne, on fit aux armes, ainsi qu'à l'habillement et à l'équipement, les réparations urgentes, et l'on se prépara, par des manœuvres et par des reconnaissances, aux attaques présumées de l'ennemi, dont l'inaction insolite ne pouvait se prolonger.

Nous redoublions de précautions et de vigilance, quand le 30 janvier la nouvelle de l'armistice vint nous surprendre. Les villages en avant de Couterne furent immédiatement occupés par des détachements de la 1re demi-brigade, et le gros de la division alla s'établir à La Ferté-Macé. Des instructions diverses, qui révélaient également les préoccupations patriotiques du commandement, furent, en prévision de la continuation de la guerre, adressées aux différents corps, pour affirmer l'idée de la résistance, et faire prévaloir dans l'armée entière le sentiment de ses devoirs envers le pays. Mais la convention avait éveillé des pensées funestes, en faisant entrevoir aux timides et aux irrésolus, la possibilité d'un traité de paix qui les rendrait à la sécurité et aux douceurs du foyer. Les élections du 8 Février achevèrent de jeter la démoralisation parmi les troupes.

Quoique les données indispensables nous fissent défaut, puisque dans certains bataillons on ne connaissait ni le nombre des députés à élire, ni les noms des candidats, ce que certains émissaires accourus des départements de la Bretagne avaient laissé transpirer de la signification des listes proposées, indiquait assez que la question de paix ou de guerre dominait toutes les autres. Or, vis-à-vis des Prussiens, dont la lassitude et les appréhensions s'étaient accrues dans les journées de la bataille du Mans, il était imprudent de sembler mettre en discussion le principe de la résistance à outrance, qui s'était imposé à la France comme le plus sacré des devoirs. Et, d'ailleurs, n'était-ce pas porter un coup terrible à la confiance du soldat, que de lui laisser supposer qu'il n'avait pas, pour le soutenir, le pays tout entier debout derrière lui ?

Quoi qu'il en soit, le levier de la Défense nationale était désormais brisé.

Jusque-là nous étions restés complétement en dehors des partis, dont les agissements, que nous ne soupçonnions même pas, ne pouvaient, en divisant le pays, que paralyser nos efforts. On ne nous avait, nous devons le dire, jamais demandé d'autre politique que celle qui consistait à repousser l'étranger. Le salut de la Patrie était notre unique but : et en voyant récemment, lors de l'adoption du projet de défense d'après lequel la 2e armée allait se porter au sud de la Loire, confier aux grands noms de la Bretagne, quelles que fussent leurs opinions, le commandement des forces destinées à en interdire l'accès à l'ennemi, nous comprenions que toute autre préoccupation politique s'effaçait, aux yeux du Gouvernement, devant la grande œuvre de la délivrance. Mais, nous le répétons, la démoralisation était entrée dans nos rangs.

On n'en continua pas moins à se tenir prêts aux éventualités qui pouvaient surgir, mais à partir de ce moment, la tâche des chefs devint plus difficile. L'esprit de dévouement et d'abnégation disparaissait peu à peu, et il fallait, pour y suppléer, resserrer les liens de la discipline. Néanmoins, à Domfront et à Flers, où nous allâmes cantonner dans les derniers jours de l'armistice, nous avions obtenu, sous le rapport des manœuvres, des résultats réellement satisfaisants. — Les demi-brigades évoluaient comme des troupes régulières.

Le 25 février, la division Gougeard fut distraite du 21e corps et appelée à prendre position sur la ligne de la Vilaine. (Voir à la fin l'ordre du jour du général Jaurès.)

La nouvelle de la conclusion de la paix nous parvint à Louvigné-du-Désert, et, dans les premiers jours de mars, nous reçûmes à Pontorson l'ordre de licenciement.

Le général en chef, en se séparant de ses troupes, leur apporta le témoignage suivant du ministre de la guerre : « Dites à votre brave » armée, officiers de tous grades et soldats, que » je les remercie au nom de notre pays tout » entier de leur courage et de leur patriotisme. » Si la France avait pu être sauvée, elle l'eût » été par eux. »

« Ce témoignage à l'armée de la Loire, ajoute l'illustre général [1], venu de haut, était justice. Elle avait beaucoup souffert et vaillamment combattu; ses soldats improvisés, comme plus d'un de leurs chefs, pouvaient être fiers d'avoir lutté pendant près de cinq mois, au milieu de privations sans nombre, de fatigues incessantes, par un hiver exceptionnellement rigoureux, contre un ennemi qui, victorieux des vieilles troupes dont s'enorgueillissait la France, avait bien pu la faire reculer de cinquante lieues durant toute cette partie de la campagne, mais l'avait toujours trouvée devant lui, et la laissait entière, debout et les armes à la main, au moment où se signait la paix. »

Et cependant ces soldats allaient passer sous les fourches caudines d'un désarmement humiliant! Et, par des considérations politiques, car il serait puéril de voir dans cette mesure une simplification administrative, on allait les renvoyer dans leurs foyers comme des lâches!

Des réclamations, adressées hiérarchique-

(1) Général Chanzy, page 444.

ment, furent soumises au commandant de la division ; des protestations furent même signées par certains corps d'officiers, mais tout fut inutile. — Seulement, quand à Combourg on voulut procéder au désarmement du bataillon d'Ille-et-Vilaine, il ne se présenta qu'un nombre d'hommes très-restreint : la plus grande partie des mobilisés préférèrent rentrer à Rennes isolément ou par petits groupes avec leurs armes, que d'y arriver en corps, désarmés comme des prisonniers.

Le mécontentement, l'irritation produits par cette mesure furent d'autant plus profonds que les anciens mobilisés d'Ille-et-Vilaine virent, longtemps encore après le licenciement, subsister des corps irréguliers dont la présence à Rennes faillit devenir la source de conflits sérieux.

« Ainsi se termina (1) cet immense mouvement qui remua la France jusque dans ses plus intimes profondeurs, et si, déshabituée du métier des armes par un gouvernement corrupteur, elle ne put, en présence de l'ennemi,

(1) Général Gougeard, p. 62.

se donner une organisation assez forte pour le repousser de son sein, l'avenir se chargera de justifier ceux qui, en présence d'une situation si compromise, n'ont pas désespéré de la patrie. Et cette perturbation inouïe, qui a mis en contact des hommes de positions si diverses et d'opinions si différentes, qui a montré à tous qu'il y a dans ce monde un devoir supérieur à tous les autres : défendre la Patrie, a préparé la nation à accepter facilement et même à désirer l'application du service obligatoire pour tous ; elle a appris aux Français à se connaître, elle a confondu toutes les classes de la société en présence des mêmes misères, renversé bien des préjugés, éteint bien des haines, et avancé de plusieurs années peut-être l'avénement des véritables principes démocratiques. Ces principes, entendus dans leur véritable sens, ne sont ni le nivellement de toutes choses, ni la négation du principe d'autorité ; mais ils ont mis en lumière ces rudes vérités qui ne se montrent clairement qu'au jour du malheur, à savoir que cette puissance redoutable et nécessaire de commander à ses semblables ne peut être exercée que par le plus digne. »

CONCLUSION

Dans les deux épisodes les plus saillants de la bataille du Mans : la reprise héroïque du plateau d'Auvours et l'abandon désastreux de la Tuilerie, figurent, par un étrange contraste, les trois bataillons dont se composait la 1re légion de mobilisés d'Ille-et-Vilaine. Formés avec des éléments identiques, animés du même esprit, comment en sont-ils arrivés à tenir, les uns hautement et d'une main ferme, les autres avec moins d'assurance et sans gloire, le drapeau de la France, qui leur était également cher?

Uniquement au point de vue des enseignements à tirer de nos malheurs pour l'avenir, et en nous élevant au-dessus des passions politiques, nous allons essayer de résoudre cette question.

Tout d'abord une différence d'armement peut expliquer jusqu'à un certain point l'infériorité relative des 2e et 3e bataillons, qui n'avaient que des fusils à percussion, quand le 1er possédait des chassepots. Mais, tout en reconnaissant que les armes à tir rapide inspiraient plus de confiance aux troupes, nous ne pouvons admettre que, par le fait seul d'en être privé, un corps se trouvât dans l'impossibilité d'opposer à l'ennemi une résistance efficace. Si, étant connues d'un côté la portée et la précision des fusils à percussion mis entre les mains des mobilisés, de l'autre les modifications apportées à la tactique par le perfectionnement des armes à feu, qui exclut, à de rares exceptions près, tout engagement en rase campagne, — notre opinion avait besoin d'être corroborée, plusieurs exemples, parmi lesquels nous citerons la défense d'Alençon, serviraient à nous donner raison.

Mais si l'armement en lui-même était, sinon excellent, du moins passable, avait-on fait tous les efforts possibles pour le mettre en état, pour le distribuer à temps, pour apprendre aux hommes à s'en servir et à l'apprécier ?

En admettant qu'il en ait été ainsi, ces bataillons, jetés de prime-abord dans une action décisive, n'étaient pas à même de montrer la solidité désirable.

Le séjour prolongé qu'ils avaient fait à Conlie, loin de les aguerrir, avait éteint leur enthousiasme. Sans parler de certaines menées qui s'y sont produites et que nous devons négliger à cause de leur peu de consistance, on peut affirmer que tout, dans ce camp, contribuait à affaiblir le moral des hommes. Pendant que nous étions en contact avec des corps bien organisés, bien commandés, ils n'avaient autour d'eux que le spectacle d'un désarroi profond, conséquence de l'agglomération précipitée, à Conlie, de nombreux mobilisés ni instruits, ni habillés.

Les misères, les privations, les souffrances qu'ils eurent à endurer, sans but apparent, sans utilité immédiate, ne pouvaient engendrer que le découragement et l'apathie ; et il n'est pas étonnant que la déception de se voir confinés indéfiniment dans un camp, au lieu d'être utilisés à l'œuvre de la délivrance, ait, en leur ôtant toute assurance, abattu leur courage.

Au lieu de maintenir à Conlie toutes les légions de mobilisés, de persister à vouloir en faire une armée à part, on aurait dû former, au fur et à mesure que cela eût été possible, avec les bataillons les mieux organisés et les plus instruits, des divisions ou simplement des brigades actives, qui, au milieu des autres, auraient promptement acquis de la consistance, et pu rendre ainsi des services réels. Il en serait résulté dans le camp une émulation des plus salutaires qui aurait peut-être changé la face des choses.

Il est permis de le penser quand on a vu, sous la direction résolue et éminemment patriotique de notre général, une division presqu'entièrement composée de mobilisés, acquérir en quelques semaines une valeur offensive sérieuse, qui la mettait au rang des autres.

Nous appelons sur ce fait l'attention des hommes de l'armée qui s'occupent de la réorganisation du pays. Ne plaide-t-il pas d'une façon irréfutable en faveur de la réduction du service militaire ?

La durée en sera d'autant moindre, que l'éducation et l'instruction recevront une direction plus nationale. Là est la clef de notre régénération.

Dans la famille d'abord, dans les écoles surtout, car c'est pour un grand nombre la seule famille, il est nécessaire que l'image de la Patrie soit fréquemment présentée à l'imagination des enfants, qu'on les habitue à l'aimer, de façon que lorsqu'ils seront appelés sous les drapeaux, ils la mettent au-dessus de leurs plus chères affections ; que dans les régiments on enflamme leurs courages par les récits des dévoûments célèbres, enfin qu'on en fasse des citoyens dignes de ce nom.

Nous éviterons ainsi d'assister de nouveau au spectacle écœurant de jeunes gens robustes, chez qui tout, sauf le patriotisme, était à envier, se dérobant, sous divers prétextes, aux devoirs les plus sacrés, et de spéculateurs éhontés profitant pour s'enrichir des malheurs de leur pays.

Ordre.

Officiers, Sous-Officiers et Soldats du corps de Bretagne,

Je reçois l'ordre de laisser la division de l'armée de Bretagne sur les positions qu'elle occupe, tandis que le 21e corps va faire avec la 2e armée un mouvement vers la Loire.

Ce n'est pas sans un regret profond que le 21e corps se sépare d'une division qui depuis trois mois a marché et combattu avec lui. Les exigences militaires sont impérieuses et elles doivent toujours être acceptées avec fermeté; mais j'ai à cœur de vous exprimer, en me séparant de vous, toute ma satisfaction pour le degré de valeur que vous avez atteint sous l'énergique direction de votre brave général.

Vous continuerez à vous montrer chaque jour plus ferme et plus disciplinés, et vous préparerez s'il le faut à faire de nouveau et vaillamment face à l'ennemi.

Au revoir, je l'espère; mais quel que soit l'avenir, le 21e corps se souviendra toujours de votre confraternité d'armes.

Signé : JAURÈS.

Rennes, imprimerie Alphonse Leroy fils, rue Louis-Philippe.

BIBLIOTHEQUE NATIONALE DE FRANCE
3 7531 04272137 4

www.ingramcontent.com/pod-product-compliance
Ingram Content Group UK Ltd.
Pitfield, Milton Keynes, MK11 3LW, UK
UKHW012251240726
13966UKWH00004B/1386